AF256668